LUIZ ROBERTO DANTE
IRACI MÜLLER

EDUCAÇÃO FINANCEIRA
PARA CRIANÇAS

3

editora ática
São Paulo - 2022

editora ática

Presidência: Mario Ghio Júnior
Vice-presidência de educação digital: Camila Montero Vaz Cardoso
Direção editorial: Lidiane Vivaldini Olo
Gerência de conteúdo e design educacional–Soluções completas: Viviane Carpegiani
Coordenação de núcleo e edição: Marcela Maris
Planejamento e controle de produção: Flávio Matuguma (ger.), Juliana Batista (coord.), Jayne Ruas (analista)
Revisão: Letícia Pieroni (coord.), Aline Cristina Vieira, Anna Clara Razvickas, Brenda T. M. Morais, Carla Bertinato, Daniela Lima, Danielle Modesto, Diego Carbone, Kátia S. Lopes Godoi, Lilian M. Kumai, Malvina Tomáz, Marília H. Lima, Paula Rubia Baltazar, Paula Teixeira, Raquel A. Taveira, Ricardo Miyake, Shirley Figueiredo Ayres, Tayra Alfonso e Thaise Rodrigues
Arte: Fernanda Costa da Silva (ger.), Catherine Saori Ishihara (coord.), Claudemir C. Barbosa (edição de arte)
Diagramação: R2 Editorial
Iconografia e tratamento de imagem: Roberta Bento (ger.), Claudia Bertolazzi (coord.), Lucas Maia Campos (pesquisa iconográfica) e Fernanda Crevin (tratamento de imagens)
Licenciamento de conteúdos de terceiros: Roberta Bento (ger.), Jenis Oh (coord.), Liliane Rodrigues, Raísa Maris Reina e Sueli Ferreira (analistas de licenciamento)
Ilustrações: Giz de Cera Studio e Mouses Sagiorato
Cartografia: Eric Fuzii (coord.) e Robson Rosendo da Rocha
Design: Erik Taketa (coord.), Thatiana Kalaes (Miolo e capa), Gustavo Vanini (adap.)
Foto de capa: Ekaterina Ru/Shutterstock

Todos os direitos reservados por Somos Sistemas de Ensino S.A.
Avenida Paulista, 901, 6º andar – Bela Vista
São Paulo – SP – CEP 01310-200
http://www.somoseducacao.com.br

Dados Internacionais de Catalogação na Publicação (CIP)

```
Dante, Luiz Roberto
    Educação financeira para crianças 3 / Luiz Roberto Dante,
Iraci Müller. -- 2. ed. -- São Paulo : Ática, 2021.

    ISBN 978-85-0819-619-7 (livro do aluno)
    ISBN 978-85-0819-620-3 (livro do professor)

    1. Educação financeira 2. Crianças - Finanças pessoais I.
Título II. Müller, Iraci

20-2192                                         CDD 332.024
```

Angélica Ilacqua – Bibliotecária – CRB-8/7057

2022
1ª edição
3ª impressão
De acordo com a BNCC.

Impressão e acabamento Gráfica Elyon

Uma publicação

APRESENTAÇÃO

Como surgiu o dinheiro? Qual é o valor das coisas? Será que podemos ter tudo o que queremos?

Este livro foi escrito para mostrar que desde pequenos podemos e devemos ser responsáveis e cuidar de nossas coisas, de nosso material escolar, de nossas roupas, da natureza, evitando desperdícios em casa e em todos os lugares por onde passamos.

Acompanhe os personagens Joca, Sofia, Luca, Nina, Ana e Pedro em suas aventuras, descobertas e eventos. Leia com atenção as orientações dos professores Flora e Carlos, aprenda a distinguir o que é necessário e o que é supérfluo e ajude as crianças a resolver as atividades para que elas, e você também, construam o conhecimento e cumpram o papel de cidadão.

Esperamos que você goste da história e aproveite bastante esta experiência.

Boas descobertas!

Um grande abraço do Dante e da Iraci.

SUMÁRIO

- **5** Introdução
- **6** 1ª Capítulo — O dinheiro no Brasil
- **16** 2ª Capítulo — As diferentes formas de pagamento
- **22** 3ª Capítulo — Empreendedorismo
- **28** 4ª Capítulo — Aprendendo a usar o dinheiro
- **32** 5ª Capítulo — Sustentabilidade em benefício de todos
- **37** Brincando também se aprende
- **40** Encerrando a visita ao hotel-fazenda
- **41** Material complementar

INTRODUÇÃO

Joca, Sofia, Luca, Nina, Ana, Pedro e o professor Carlos foram para um passeio no hotel-fazenda dos pais da professora Flora.

Todos estão entusiasmados. O folheto de propaganda do hotel-fazenda mostra que ele tem salão de jogos, brinquedoteca, quadras de esporte, mata nativa, piscinas, riachos, trilhas ecológicas, pescaria, etc. Além disso, oferece diversos cursos e atividades para os hóspedes.

Nossos personagens venceram uma gincana com toda a escola e ganharam um dia em um hotel-fazenda. A professora Flora, com a ajuda dos funcionários do hotel, preparou algumas atividades sobre Educação Financeira para os alunos se divertirem enquanto aprendem. Eles passarão por desafios e situações que envolvem dinheiro, sonhos, profissões, planejamento, poupança, consumo, coleta seletiva, reciclagem e outros. Para isso, precisarão de sua ajuda na resolução das atividades.

Será uma ótima oportunidade para aprender muitas coisas sobre a história e o uso do dinheiro, o funcionamento dos bancos e das cooperativas de crédito e as diferentes formas do dinheiro. Também será possível observar como um sonho, mesmo pequenino, pode se transformar em um negócio, às vezes até muito grande. Completando a aventura, veremos como é importante respeitar a natureza e praticar a sustentabilidade em benefício de todos.

Prepare-se para uma visita cheia de surpresas!

VOCÊ ESTÁ PREPARADO PARA UMA AVENTURA NO HOTEL-FAZENDA DO SACI?

BEM-VINDO AO HOTEL-FAZENDA DO SACI

1º CAPÍTULO – O DINHEIRO NO BRASIL

Joca, Sofia e os amigos Ana, Luca, Nina e Pedro venceram uma gincana da escola, e o prêmio foi um dia de visita ao Hotel-fazenda do Saci. Acompanhados dos professores Flora e Carlos, foram conhecer o pesqueiro e o criatório de peixes.

Mário, encarregado do pesqueiro e uma pessoa muito sábia, contou que antigamente os peixes eram utilizados como moeda de troca por outros produtos.

Quando não existia dinheiro, as pessoas trocavam os produtos que coletavam, caçavam, pescavam ou faziam. O peixe era uma das moedas da época e era trocado por outros produtos e serviços.

Com o tempo, foi necessário ter um produto de troca que não perdesse o valor ou estragasse.

Que legal!

Exatamente, seu Mário, quando o dinheiro foi inventado, ele passou a ser a moeda de troca.

E cada país tem o próprio dinheiro.

Isso acabou facilitando o comércio.

Usamos moedas de metal e cédulas de papel, também conhecidas como notas, não é?

Isso mesmo, Sofia, e o dinheiro pode ter um nome diferente em cada país. No Brasil, agora ele se chama real. Mas já teve muitos outros nomes.

Pedro se interessou em saber mais e pesquisou no *tablet* os nomes do dinheiro que já circulou no Brasil.

NOMES DO DINHEIRO QUE CIRCULOU NO BRASIL DESDE O DESCOBRIMENTO ATÉ HOJE

Nome	Símbolo	Imagem	Período
real	R	10 reais	O real era a moeda do reino português na época do Descobrimento (século XV) e também era usado nas suas colônias. O plural era **reais**, mas passou a ser conhecido popularmente como **réis**.
mil-réis	Rs	1 mil-réis	Vigorou no Brasil de 1833 a 1942.
cruzeiro	Cr$	1 cruzeiro / 1000 cruzeiros / 10 000 cruzeiros	Criado em 1942.
cruzeiro novo	NCr$	1 cruzeiro novo / 10 cruzeiros novos	Começou a circular em 1967. Não foram emitidas novas notas, as antigas apenas recebiam um carimbo com os novos valores.
cruzeiro	Cr$	1 cruzeiro / 10 000 cruzeiros	Voltou a circular em 1970.
cruzado	Cz$	10 cruzados / 10 000 cruzados	Criado em 1986. Algumas notas receberam apenas carimbos com os novos valores.
cruzado novo	NCz$	10 cruzados novos / 100 cruzados novos	Começou a circular em 1989. Algumas notas receberam apenas carimbos com os novos valores.
cruzeiro	Cr$	100 cruzeiros / 50 000 cruzeiros	Voltou a circular em 1990.
cruzeiro real	CR$	50 cruzeiros reais / 50 000 cruzeiros reais	Passou a circular em 1993. Algumas notas receberam apenas carimbos com os novos valores.
real	R$	10 reais / 100 reais	Instituído em 1º/7/1994. O real (R$) (plural: reais) é a moeda em circulação até os dias de hoje.

Fonte: Disponível em: www.bcb.gov.br/Pre/PEF/PORT/publicacoes_DinheironoBrasil.pdf. Acesso em: 13 abr. 2021.

Cédulas desta página: Casa da Moeda do Brasil/Ministério da Fazenda.

Agora, acompanhe a turma na visita ao hotel-fazenda, realizando algumas atividades.

Atividade 1 — Mudanças do dinheiro

> Converse com um colega e tentem descobrir as quantias em cada item.

a. No final de 1985, Mário tinha 8 000 cruzeiros e seu irmão, 6 000 cruzeiros. No dia em que o cruzado foi criado, a quantia de Mário passou a ser de 8 cruzados e a de seu irmão passou a ser de _____ cruzados.

b. Em 1990, 1 000 cruzeiros passaram a valer 1 cruzeiro real. Quantos cruzeiros eram necessários para obter 5 cruzeiros reais? _____ cruzeiros.

Atividade 2 — Euro e dólar

O hotel-fazenda recebe muitos hóspedes de outros países, que chegam ao Brasil e precisam trocar seu dinheiro em uma casa de câmbio (estabelecimento que faz a troca de uma moeda de um país pela de outro).

> Veja nas fotos ao lado algumas moedas estrangeiras.
> Depois, responda às questões.

a. Em fevereiro de 2021, o dólar valia cerca de R$ 5,50. Um hóspede do hotel precisou trocar seus dólares por reais. Se ele entregou 50 dólares na casa de câmbio, quantos reais ele recebeu? _____ reais.

b. Na mesma época, outro hóspede do hotel precisou trocar seus euros por reais. Ele entregou 50 euros na casa de câmbio e recebeu 325 reais.
Só com as informações dadas nos dois itens, verifique se é possível saber qual moeda valia mais nessa época: o dólar ou o euro.
Pense um pouco e depois converse com os colegas e o professor.

50 dólares

50 euros

Atividade 3 — As moedas atuais de real

① Destaque as moedas de brincadeira da página 41 e observe-as com atenção.

1 centavo R$ 0,01   5 centavos R$ 0,05   10 centavos R$ 0,10   25 centavos R$ 0,25   50 centavos R$ 0,50   1 real R$ 1,00

> Que figura aparece no anverso de cada uma dessas moedas? Pesquise e escreva no caderno.

reverso da moeda (cara)   anverso da moeda (coroa)

② Bruna tem uma moeda de 50 centavos, duas moedas de 25 centavos e duas moedas de 10 centavos. Ela fez a contagem começando pela moeda de maior valor para a moeda de menor valor. Ajude Bruna a contar as moedas completando a sequência.

50   75   _____   _____   _____

Total _____ centavos ou R$ _____.

③ Desenhe no caderno moedas correspondentes à quantia de R$ 1,75.

④ Pesquise 4 coisas que podem ser compradas com R$ 1,00 e escreva abaixo.

_____

⑤ Júlia pegou uma moeda do seu cofrinho sem olhar.

> Siga as dicas ao lado, descubra a moeda que Júlia pegou e indique aqui: _____

- É menor do que R$ 1,00.
- É maior do que R$ 0,05.
- O número termina com zero.
- O número corresponde a uma dezena.

Atividade 4 — As cédulas atuais de real

1. Na loja de produtos da fazenda, Nina conhece dona Lara, que comenta que esqueceu os óculos e não consegue identificar as cédulas para pagar os produtos que pegou. Nina imediatamente oferece ajuda.

a. Faça como Nina e ajude dona Lara a identificar todas as cédulas do nosso dinheiro ligando cada uma delas ao seu valor. Mas atenção para o desafio! O valor de cada nota está indicado como uma operação na coluna da direita.

 6 + 4

 4 − 2

 10 − 5

 50 × 4

 50 + 50

 5 × 4

60 − 10

b. Escreva qual é a cédula de maior valor: R$ _____

c. Escreva qual é a cédula de menor valor: R$ _____

10

2. Destaque as cédulas de brincadeira da página 41 e observe-as com atenção. Depois, ligue cada foto de animal ao valor da cédula em que ele aparece.

2 reais   50 reais   10 reais   5 reais   200 reais   20 reais   100 reais

3. Aproveitando o tema das imagens que compõem as cédulas, a professora Flora colocou duas cédulas na carteira e perguntou:

Eu tenho apenas duas notas na minha carteira: uma cédula que tem uma garoupa e outra com uma garça.

Quanto a professora Flora tem na carteira? _____

Atividade 5 — Jogo cara ou coroa

Número de participantes: 2
Material: 1 moeda de 50 centavos

> Examine os dois lados da moeda de 50 centavos verificando qual é "cara" e qual é "coroa". Cada participante escolhe um lado da moeda. Depois, um joga a moeda para o alto e os dois observam com qual lado virado para cima ela cai na mesa.

> Assinale com um risco no papel toda vez que ela cair do lado que você escolheu. Ganha o jogo quem marcar 10 risquinhos primeiro.

Atividade 6 — Situações para pensar e resolver

Na loja de artesanato e bazar do hotel-fazenda, os hóspedes podem comprar brinquedos, jogos, artigos esportivos, etc.

1. Observe o preço de alguns brinquedos e depois responda às questões.

a. Contorne o brinquedo que custa mais. Faça um **X** no brinquedo que custa menos.

b. Nina comprou uma peteca e um binóculo.

   Ela gastou R$ _____.

c. Ana comprou uma pipa e um par de patins.

   Ela gastou R$ _____.

d. Pedro comprou dois cavalos de madeira.

   Ele gastou R$ _____.

e. Entre Nina, Ana e Pedro, quem gastou mais?

   _____.

   E quem gastou menos?

   _____.

2. Luca comprou um carrinho igual ao da figura e sobraram R$ 8,00 em sua carteira.

a. Escreva quanto Luca tinha antes da compra:

   _____.

b. Marque um **X** na imagem do brinquedo que Luca poderá comprar com a quantia que recebeu de troco.

3. Ana comprou uma caixinha com espelho como a da imagem ao lado e pagou com uma nota de R$ 20,00.

Escreva quanto Ana recebeu de troco: _____.

4. Registre as quantias que as crianças têm.

_____ reais

_____ reais

_____ reais

> Calcule e responda:

a. Quantos reais Nina tem a mais do que Sofia? _____.

b. Quanto falta a Ana para ter a mesma quantia de Nina? _____.

5. Pedro tinha guardado 4 notas de R$ 5,00. Ele quer comprar um brinquedo que custa R$ 18,00. Pedro já tem dinheiro suficiente para comprar o brinquedo? Explique oralmente.

Atividade 7 — A casa da moeda

Enquanto os cozinheiros preparam o peixe que todos pescaram, Joca, Sofia e os professores Flora e Carlos se reúnem na varanda do hotel-fazenda. Sofia aproveita e pergunta aos professores algo que as crianças tinham muita curiosidade de saber:

> Agora, responda a algumas perguntas no caderno:

a. Você já recebeu cédulas rasgadas ou riscadas?

b. Qual é a importância de preservar a cédula?

c. Você já ouviu falar em dinheiro falsificado?

d. Pesquise por que as cédulas do real têm tamanhos diferenciados.

PARA REFLETIR – RISCOS E RABISCOS

Leia a história a seguir.

Paulo e Caio são amigos desde a infância. No fim de semana, depois da sessão de cinema, os dois foram à lanchonete.

Quando terminou de comer, Caio pegou o dinheiro para pagar a conta. Foi quando viu que a cédula que ia usar estava toda riscada e com várias palavras e frases rabiscadas.

Caio achou isso muito divertido e disse a Paulo que deixaria sua marca na nota também fazendo um desenho.

Converse com o professor e os colegas sobre estas questões:

- Você acha correta a atitude de Caio?
- Na sua opinião, qual seria a melhor atitude a tomar diante dessa situação?
- E o que não se deveria fazer?

O QUE ESTUDAMOS

Responda no caderno:
- Qual atividade você mais gostou de resolver neste capítulo?
- Você já viu dinheiro antigo?
- Você já viu dinheiro de outro país? Qual?
- Alguém da sua família já teve que trocar dinheiro em uma casa de câmbio?

2º CAPÍTULO – AS DIFERENTES FORMAS DE PAGAMENTO

Joca, Sofia e seus amigos partiram para a próxima atividade no hotel-fazenda. O guia turístico avisou que o passeio programado era na Trilha do Saci. E informou:

Há uma arca do tesouro na trilha. Vocês precisam encontrar pistas com diferentes formas de realizar ou comprovar um pagamento, que estão presentes em cada bifurcação do caminho, indicando o sentido que vocês devem ir.

Mas que tipo de pistas vamos encontrar?

Cheque, recibo, cartão de crédito, etc.

E lá se foram eles! Ao começar a caminhada, a professora Flora relembrou que, antes de o dinheiro ser inventado, as pessoas usavam moedas de ouro, prata e outros metais. Depois, para agilizar as trocas, facilitar o transporte e oferecer segurança, essas moedas começaram a ser guardadas em casas de pessoas confiáveis. Os donos dessas casas forneciam um recibo com a quantia escrita das moedas guardadas. Essas casas são o que chamamos hoje de BANCOS.

A primeira instituição financeira oficial brasileira foi o Banco do Brasil, criado em 1808. Na foto, a agência do Banco do Brasil na cidade de Manaus, em 1933.

Photo Bazar Sportivo/CPDOC-FGV, Rio de Janeiro, RJ.

No Brasil, os primeiros recibos de banco, precursores das nossas cédulas atuais, foram lançados pelo Banco do Brasil em 1810 e tinham seus valores preenchidos à mão.

Reprodução/Banco do Brasil

Em nosso país o Banco Central do Brasil (Bacen ou BCB) tem a função de controlar bancos e cooperativas de crédito que atuam em seu território e também autorizar a emissão de dinheiro que circula no país.

Resolva as atividades acompanhando a turma na visita ao hotel-fazenda.

Atividade 1 — Recibo

Na primeira bifurcação da Trilha do Saci, Ana achou uma pista: espetado em um arbusto havia um papel em que estava escrito **RECIBO**.

> Preencha o recibo abaixo com as informações referentes a esta situação: Pedro pagou 30 reais por um serviço de conserto do seu *skate*, na cidade do Rio de Janeiro, no dia 14 de abril de 2021.

Recibo

Recebi de _____ o valor

de _____ pelo conserto do

skate e para clareza firmo o presente na cidade de

_____, no

dia _____/_____/_____ .

Assinatura: _____

Como todos concordaram que o recibo serve para representar um valor em dinheiro, então, resolveram seguir na Trilha do Saci pelo caminho indicado. As crianças se espalharam para procurar a nova pista. O sortudo foi Joca, que na trilha central encontrou um **cheque**.

Atividade 2 — Cheque

> Observe o cheque da imagem ao lado. Identifique nele o **beneficiário**, o **cliente** e o **banco** e escreva esses nomes nos campos corretos.

Atividade 3 — Fazendo compras com cheque

Enquanto seguem pela trilha, Nina conta que o pai dela pesquisou bastante os preços antes de decidir comprar um aparelho de som, como o mostrado ao lado. Ele pagou com dois cheques (um para este mês e outro para o próximo mês), sendo o primeiro no valor de R$ 150,00.

> Destaque o cheque da página 41 e, com base no exemplo anterior, ajude o pai de Nina a preenchê-lo com o valor do segundo pagamento, referente ao que falta para completar o preço do aparelho de som. Depois, cole o cheque no caderno.

Atividade 4 — Cartão de crédito, de débito e PIX

Seguindo na Trilha do Saci, Joca e seus amigos chegaram a uma nova bifurcação. Procura daqui, busca de lá, por fim Pedro pisou em uma carteira.

Nesta carteira há dois cartões. Se isso também for dinheiro, devemos seguir por aqui.

Cartão é uma forma de pagamento eletrônico. Ele é de plástico duro e pode conter um chip. Apresenta na frente o nome do portador, o número do cartão e a data de validade. No verso dele há um campo para assinatura do cliente, o código de segurança e a tarja magnética.

O cartão pode ser usado como meio de pagamento para comprar um bem ou pagar um serviço. Para pagar dessa forma, o cliente coloca o cartão em uma maquininha (ou aproxima o cartão da máquina) e digita sua senha.

A professora Flora explicou ainda que, na compra com o cartão de débito, a quantia gasta é descontada automaticamente da conta do cliente no banco. Se o cartão for de crédito, a pessoa que fez a compra realiza o pagamento da fatura do cartão em um dia fixo do mês posterior à compra.

> Complete as frases escrevendo **crédito** ou **débito** de acordo com a forma de pagamento que se pode associar a cada tipo de cartão.

a. Um cartão de _____ é um meio de pagamento eletrônico do tipo COMPRE AGORA, PAGUE AGORA.

b. Um cartão de _____ é um meio de pagamento eletrônico do tipo COMPRE AGORA, PAGUE DEPOIS (na data do vencimento da fatura).

Também é possível fazer pagamentos com PIX, que é um meio de pagamento criado pelo Banco Central em que o dinheiro é transferido entre contas em poucos segundos, a qualquer hora ou dia.

Atividade 5 — Fazendo compras com cartão

Todos continuavam firmes à procura de pistas pela Trilha do Saci e a professora Flora aproveitou para falar sobre juros. Ela contou que quando foi comprar um aparelho celular deparou com duas possibilidades de pagamento:

- R$ 560,00 usando o cartão de débito;
- três parcelas de R$ 200,00 usando o cartão de crédito.

> Quanto a professora Flora pagaria a mais pelo celular se comprasse usando o cartão de crédito?

Registre o valor aqui: _____

*Chamamos de **juros** essa quantia que a professora Flora pagaria a mais se parcelasse em três vezes o pagamento do celular.*

Atividade 6 — Aplicando dinheiro no banco

A turma seguia pela trilha contando histórias. Ana falou que uma vez a mãe dela aplicou dinheiro no banco e recebeu juros.

*Quando sua mãe colocou o dinheiro no banco, foi como se ela estivesse emprestando dinheiro para ele. Depois de algum tempo, quando foi retirá-lo, ela recebeu um **acréscimo**, que são os **juros** pagos pelo banco por esse "empréstimo".*

> Imagine que a mãe de Ana tinha R$ 299,00 no banco e depositou mais R$ 100,00 nessa conta. Depois de 6 meses, na conta dela havia um total de R$ 411,00.

a. Com quantos reais a mãe de Ana ficou no banco depois de fazer o segundo depósito?

_____

b. Quanto ela recebeu de juros, aproximadamente, nesses 6 meses?

_____

Atividade 7 — Final da trilha

No final da trilha, todos avistaram a Arca do Tesouro cheia de moedas estampadas com o rosto do Saci. Havia também diversos vales para trocar por frutas do hotel-fazenda e por cofrinhos artesanais do Saci. O guia do passeio disse às crianças que tudo aquilo seria delas se resolvessem a última atividade.

> Ajude as crianças e complete o texto com o nome correto das diferentes formas de realizar ou comprovar um pagamento: **cédulas**, **cheque**, **crédito**, **débito**, **moedas**, **recibo**, **PIX**.

Os tipos de dinheiro mais comuns são _____ e _____.

O _____ é um documento escrito que serve de garantia para mostrar que alguém recebeu um pagamento. Uma forma de pagamento que pode ser feita por quem tem dinheiro em banco é o _____. Já os cartões de _____ e de _____ são utilizados como pagamento eletrônico.

O _____ é uma forma rápida de transferir dinheiro para outra pessoa.

O QUE ESTUDAMOS

Responda no caderno:
- Liste o que você aprendeu neste capítulo que não sabia antes.
- Você teve dificuldade para resolver alguma atividade deste capítulo? Se sim, qual ou quais? Não deixe de contar ao professor as suas dificuldades.
- Você já viu alguém pagar alguma compra com cartão de débito ou de crédito?
- Pergunte a algum familiar o que ele mais utiliza para fazer compras (dinheiro, cheque, cartões, PIX, etc.)?

3º CAPÍTULO – EMPREENDEDORISMO

Todos se reuniram para o lanche da tarde e conversaram.

Este hotel-fazenda é um sonho. Dá até vontade de ficar aqui e não ir embora.

Mas demorou para ser desse jeito. Tudo partiu de um sonho, que foi crescendo conforme as coisas iam dando certo.

Eu sempre quis ser meu próprio patrão. Para isso, trabalhei duro e poupei dinheiro por muitos anos.

E eu fazia doces, tortas e outras gostosuras para vender nas casas das pessoas e sob encomenda. Mas queria ter meu próprio negócio.

As crianças adoraram essa história. Quando viram os donos do hotel, que também são os pais da professora Flora, fizeram perguntas sobre o início do hotel-fazenda.

Rafael falou que, quando se casou com Lúcia e decidiram juntos abrir uma empresa, foram consultar especialistas e visitar concorrentes. Fizeram uma lista de tudo de que precisariam e pesquisaram preços para comprar mais barato.

Finalmente, abriram o hotel-fazenda e avisaram os amigos. No início era um hotel simples, sem muita estrutura. Mas com o tempo puderam investir os lucros em variedades de atividades para os hóspedes.

Com o passar dos anos, o hotel-fazenda ficou famoso, pois os clientes falavam muito bem dele, dos alimentos saborosos, da higiene e do ótimo atendimento.

Nosso negócio deu certo porque a Lúcia e eu fizemos cursos de aperfeiçoamento, planejamos as compras e vendas e estudamos como fazer nossa empresa crescer e ser lucrativa.

Foi preciso contratar mais funcionários, pois os clientes aumentavam a cada dia.

Também foi importante persistir. Não desistimos diante dos problemas e lutamos contra as dificuldades.

É muito importante ser organizado com as contas a pagar e o dinheiro a receber dos clientes. E também é necessário ter uma reserva de dinheiro para as emergências.

O sonho de um negócio próprio pode se tornar realidade com trabalho, planejamento, organização, estudo, controle das finanças, persistência e força de vontade.

Precisa gostar do que faz, ter cuidado e carinho, pois fazer algo bem-feito é fazer com qualidade.

Rafael e Lúcia são bons exemplos de pessoas empreendedoras.

Resolva as atividades a seguir e conheça mais um pouco esse assunto.

Atividade 1 — Bate-papo

> Converse com a turma sobre a história que Rafael e Lúcia contaram e responda às perguntas:

a. Qual é o assunto abordado nessa história?

b. Quais são os personagens principais dessa história?

c. Qual era o sonho de Rafael?

d. Como Rafael e Lúcia começaram o negócio do Hotel-fazenda do Saci?

e. Cite algumas ações de Rafael e Lúcia para ter sucesso no hotel-fazenda.

Atividade 2 — Seu sonho

> Imagine que você já seja um adulto. O que preferiria: ter a própria empresa ou loja, o próprio negócio, ou fazer parte da empresa de alguém?

Faça abaixo um desenho que represente isso.

Atividade 3 — Empreendedores em várias profissões

As crianças resolveram homenagear os profissionais do Hotel-fazenda do Saci, que contribuem para a alta qualidade do local.

> Leia silenciosamente o texto que elas escreveram com a ajuda dos professores Flora e Carlos. Depois, junte-se a 4 colegas e façam o que se pede nos itens abaixo.

No Hotel-fazenda do Saci trabalham muitos profissionais. Alguns são **funcionários**, como seu Mário do pesqueiro, camareiros, faxineiros, recepcionistas, secretários, cozinheiros, garçons e atendentes da lanchonete.

Outros são **autônomos** e trabalham apenas alguns dias por mês, como os instrutores de cursos de culinária, artesanato e móveis regionais ou os de cursos de ginástica, natação, dança, equitação para crianças, adultos e portadores de deficiência; o contador, que cuida dos documentos da empresa e registra as entradas e as saídas de dinheiro; o guia de sobrevivência, que também é enfermeiro; o salva-vidas das piscinas; o engenheiro florestal, que orienta sobre o cultivo de hortaliças e mudas de árvores para reflorestamento; e o pessoal da recreação, incluindo palhaços, músicos e dançarinos, que se apresentam em eventos, ensinam dança, emocionam e alegram todos os hóspedes.

a. Escolham um dos profissionais citados nesse texto e façam uma redação no caderno contando como vocês imaginam que deve ser um dia de trabalho dele no Hotel-fazenda do Saci.

b. Imaginem que o profissional escolhido tenha o sonho de ser um empreendedor. Contem ao professor e aos outros colegas como poderia ser esse sonho.

Atividade 4 — Descobrindo profissões

A professora Flora deu a Joca, Sofia e seus amigos uma tarefa: cada um deles teve que entrevistar três hóspedes do hotel para descobrir suas profissões.

A turma se espalhou; cada criança foi para um lado. Depois de uma hora, todos se reuniram em um quiosque do hotel com os resultados:

Depois, cada criança teve de desenhar um objeto relacionado a uma das três profissões que descobriu, mas não podia mostrar para ninguém. A professora Flora espalhou alguns dos desenhos na mesa e propôs um desafio: dizer o nome do objeto e a qual profissão ele pertence.

> Aceite o desafio da professora Flora e escreva no caderno o nome dos objetos que estão desenhados na mesa ao lado e a quais profissões eles se referem.

PARA REFLETIR – O ESTOURO DAS PIPOCAS

Leia a história a seguir.

As amigas Clara e Bia sempre compram pipoca do seu Manuel. Um dia, o pipoqueiro contou a elas que o movimento estava baixo, com poucas vendas.

As meninas lembraram-se da aula sobre empreendedorismo que tiveram na escola e sugeriram fazer uma promoção, desenhando um cartaz com os dizeres: COMPRE 2 PACOTES E LEVE 3.

Em pouco tempo, aumentou a procura pela pipoca. Seu Manuel ficou muito satisfeito.

Converse com o professor e os colegas sobre estas questões:

- Você gostou da atitude de Clara e de Bia?
- Na sua opinião, qual seria a melhor atitude a tomar diante da situação de seu Manuel?
- Será que a solução dada por Clara e Bia sempre resolverá esse tipo de situação?

O QUE ESTUDAMOS

Responda no caderno:
- Você já viajou para um hotel-fazenda? Se sim, conte para os colegas como foi essa experiência.
- Cite outras profissões que você conhece, mas não foram mencionadas neste capítulo.
- Você já tinha ouvido falar em empreendedorismo?
- Você conhece alguém que tenha o próprio comércio ou a própria empresa?

4º CAPÍTULO — APRENDENDO A USAR O DINHEIRO

Os professores e os recreacionistas do hotel-fazenda prepararam uma brincadeira para incentivar as crianças a dar valor ao dinheiro e perceber que a realização de sonhos não depende só da sorte, mas também de esforço para conseguir: o jogo Roda dos Sonhos e da Fortuna.

Primeiro, era preciso fazer a Ginástica do Dinheiro, executando 10 polichinelos. Aí o jogador receberia 100 cédulas de dinheiro de brincadeira e entraria no jogo.

Todos fizeram a ginástica pedida. E ficaram bem atentos às regras do jogo. Ele consistia em girar um palito de sorvete espetado no centro de uma roda dividida em várias fatias. Cada fatia trazia um tipo de "sorte", algumas boas e algumas ruins.

Nas sortes boas, as pintadas de laranja, o jogador multiplicava por 2 o número marcado na fatia sorteada. O resultado indicava o número de polichinelos que ele deveria executar para ganhar aquele dinheiro da fatia, que seria somado ao que já possuía.

Nas sortes ruins, as pintadas de azul, o jogador podia perder 6 cédulas do dinheiro. Para isso não acontecer, ele deveria executar 6 polichinelos. Mas... tinha que ser polichinelo do Saci!

No jogo disputado pelas crianças, Nina foi a vencedora, porque obteve a maior quantidade de dinheiro na partida realizada. A turma percebeu na brincadeira que precisa de esforço para poupar dinheiro.

Atividade 1 — Significados diferentes do dinheiro

> Entreviste algumas pessoas da sua família sobre o significado que o dinheiro tem para cada uma delas. Registre as respostas no caderno.

Atividade 2 — Necessidades e sonhos

É importante saber diferenciar necessidades de sonhos ou desejos.

a. Leia cada item abaixo. Depois, pinte cada palavra de vermelho se ela indicar uma necessidade de sua família, ou de azul, se para a sua família ela for um sonho ou desejo.

- Chocolate
- Comida
- Bicicleta
- Cadernos
- Água
- Viagem
- Roupas
- Videogame
- Ir ao dentista
- Aluguel
- Sapatos

b. Escreva ao menos 3 necessidades que sua família precisa satisfazer todo mês.

_____

_____

_____

_____

Atividade 3 — Planejando o futuro

Na brinquedoteca do hotel-fazenda os contadores de histórias distraíam as crianças com leituras e encenações de fábulas. João Cigarra e Zé Formiga foram os mais aplaudidos. Joca gostou tanto que foi conversar com os rapazes.

Para uma pessoa planejar seu futuro, é importante deixar bem claros os passos que precisa dar para realizar seus sonhos, tanto de consumo e lazer quanto de trabalho, no caso de querer se tornar um empreendedor.

Por meio do planejamento financeiro, é possível saber quanto alguém precisa se esforçar no trabalho e em fazer economias para atingir o objetivo de seu desejo em certo período. Esse período é o que se chama de **prazo**.

Planejamento de curto prazo é aquele que exige pouco trabalho ou poupança para atingir o objetivo, geralmente de baixo preço.	Planejamento de médio prazo é aquele em que alguém precisa poupar alguns meses ou até uns poucos anos para conseguir realizar seu desejo.	Planejamento de longo prazo é aquele que uma pessoa deve cumprir durante um tempo mais demorado, às vezes muitos anos, para realizar seu desejo.

Para realizar um sonho, um desejo, é preciso antes planejar, estabelecer prazos e poupar durante algum tempo, se for um sonho que envolve algum bem material.

> Pesquise com seus familiares, identificando cada desejo abaixo como planejamento de curto, médio ou longo prazo. Depois, escreva-os nas colunas do quadro. Caso tenha mais itens para acrescentar, complete a tabela no caderno.

- presente para um amigo
- comprar um jogo
- entrada de um *show*
- investir em um negócio
- comprar uma bicicleta
- comprar um carro
- financiar estudos
- fazer uma longa viagem
- comprar uma roupa especial
- comprar uma casa
- fazer uma viagem curta

PLANEJAMENTO		
Curto prazo	Médio prazo	Longo prazo

O QUE ESTUDAMOS

Responda no caderno:
- Você tem um sonho que gostaria de realizar? Qual?
- Caso você tenha um sonho que gostaria de realizar, avalie se para isso precisará fazer um planejamento de curto, médio ou longo prazo.
- Em quanto tempo você acredita que conseguirá realizar esse sonho?
- Você tem pedido ajuda aos colegas quando tem dúvida nas atividades? E tem ajudado os colegas quando eles precisam?

Para que a reciclagem seja feita, é necessário separar os tipos de materiais. Aí que entra em cena a **coleta seletiva**, que faz o recolhimento dos materiais que podem ser reciclados. A coleta seletiva de lixo é muito importante para a preservação do meio ambiente, pois ajuda a reduzir a poluição do ar, da água e dos solos. Também é fonte de renda para muitas pessoas que comercializam os produtos recicláveis.

Vamos continuar a visita? Ajude as crianças a resolver mais algumas atividades.

Atividade 1 — Campanha de reciclagem

Na coleta seletiva, os produtos são separados por tipos. E cada lixeira tem uma cor.

> Pesquise qual é a cor correta de cada lixeira e pinte-as. Depois, ligue cada objeto à lixeira certa, de acordo com o tipo.

PAPEL — PLÁSTICO — VIDRO — METAL — ORGÂNICO

Atividade 2 — A geometria do lixo

Joca e seus amigos observaram algumas embalagens encontradas pelos monitores nas trilhas perto do hotel-fazenda.

> Observe as embalagens e escreva o nome dos sólidos geométricos que elas lembram.

_____ _____ _____ _____ _____ _____

Atividade 3 — Reflorestamento

O Hotel-fazenda do Saci tem uma área reservada ao reflorestamento, para consumo próprio de madeira e lenha. E esse é o tema desta atividade.

> Veja no gráfico o número de árvores que o pessoal do hotel-fazenda plantou nos últimos quatro meses. Depois, responda às questões.

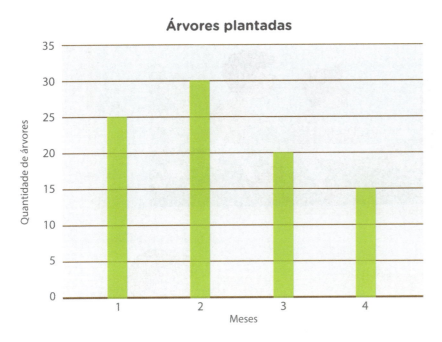

a. Nos dois primeiros meses, foram plantadas quantas árvores ao todo?

_____ árvores.

b. Em qual mês foi plantada a maior quantidade de árvores?

_____

PARA REFLETIR – NOSSO RASTRO NO MUNDO

Leia a história a seguir.

Nei e Hélio combinaram de fazer um passeio no minizoológico da cidade. Antes de ir, resolveram parar em uma lanchonete e comprar algo para comer. No caminho, Nei terminou de comer seu sanduíche e jogou o guardanapo no chão. Quando Hélio viu o que o amigo fez, também jogou o resto de seu lanche no chão.

Converse com o professor e os colegas sobre estas questões:
- Você acha correta a atitude de Nei e Hélio?
- Na sua opinião, qual seria a melhor atitude a tomar diante dessa situação?
- E o que não deveria ser feito?

O QUE ESTUDAMOS

Responda no caderno:
- Por que é importante realizar reflorestamento? E reciclagem?
- Você cuida do meio ambiente? Como?
- Você coloca em prática os 5 Rs da sustentabilidade?
- O que você mais gostou de aprender neste livro?

BRINCANDO TAMBÉM SE APRENDE

O passeio no hotel-fazenda está quase terminando. Joca, Sofia e seus amigos precisam resolver apenas algumas atividades. Vamos ajudá-los.

1. A professora Flora explica as regras do jogo da velha com dinheiro.
> Este é um jogo para 2 participantes.
> Tirem par ou ímpar para ver quem começa e decidam quem marca X e quem marca O no tabuleiro.
> Cada participante escolhe dois objetos da figura abaixo e adiciona os seus preços.
> Depois, verifica se o número que indica essa soma está no tabuleiro fazendo no quadrinho dele a sua marca. Os participantes repetem essa ação até que o jogo termine. Mas atenção: um quadrinho só pode ser marcado uma vez!
> Vence a partida o primeiro que conseguir três marcas numa mesma linha, coluna ou diagonal. Se isso não acontecer e o quadro for todo preenchido, o vencedor será o que tiver o maior número de marcas.

36	51	41
59	29	47
54	44	39

2 Descubra um padrão e continue completando o quadro de acordo com esse padrão. Depois, responda às questões.

Selos	1	2	3	4	5	6				
Centavos	5	10	15	20	25	30				

a. Nina tem 40 centavos. Quantos selos ela pode comprar? _____ selos.

b. Pedro comprou 10 selos. Quanto ele gastou? _____ centavos.

c. Ana comprou 5 selos e pagou com uma moeda de R$ 1,00. Quanto ela recebeu de troco? _____ centavos.

3 Leia as dicas e complete a cruzadinha.

(1) Ordem de pagamento em papel que vale como dinheiro.

(2) Tipo de cartão que permite comprar agora e pagar em uma data de vencimento fixa.

(3) Órgão do governo que faz a produção do dinheiro no Brasil.

(4) Reaproveitamento de lixo.

(5) Um dos lados da moeda brasileira.

(6) Valor que se paga ou recebe a mais pelo serviço de empréstimo.

(7) Nome do banco que autoriza a emissão de dinheiro no Brasil.

(8) Tipo de cartão que permite fazer pagamentos que são descontados automaticamente de uma conta do banco.

(9) Tipo de coleta de lixo que faz a separação dos materiais para reciclagem.

(10) Quem abre um negócio próprio.

38

4. Joca encontrou uma carta enigmática e chamou os amigos para ajudar a decifrá-la.

Crédito das imagens: Weerachai Khamfu/Shutterstock; Preto Perola/Shutterstock; Aksenova Natalya/Shutterstock; photomaster/Shutterstock

> Substitua as imagens por palavras e descubra o que está escrito na carta. Depois, escreva a frase completa. Discuta com os colegas se essa frase está correta.

_____

_____

5. Procure e contorne no quadro abaixo as palavras que aparecem neste volume e estão na lista.

HÓSPEDES
EMPREENDEDOR
HOTEL-FAZENDA
ORGANIZADO
PERSISTIR
FUNCIONÁRIOS
QUALIDADE

ENCERRANDO A VISITA AO HOTEL-FAZENDA

Para finalizar a estadia no Hotel-fazenda do Saci, foi organizada uma festa de despedida, com muita cantoria, rodopios e diversão.

As crianças se despedem dos donos do hotel-fazenda já com saudades da aventura. Todos sabem que as informações que receberam não serão esquecidas e poderão ser aplicadas na vida. Agradecidos, recordam tudo o que vivenciaram no passeio.

Aprendemos que o dinheiro brasileiro já teve vários nomes e vimos as características do real: suas cores, figuras, etc.

Descobrimos que há diferentes formas de dinheiro, como os cheques, os cartões de débito e crédito e o PIX.

Conhecemos o trabalho de duas pessoas empreendedoras, que planejaram, estabeleceram prazos e pouparam durante um tempo para depois realizarem seu sonho.

E aprendemos uma importante lição: devemos sempre pôr em prática os 5 Rs da sustentabilidade.

MATERIAL COMPLEMENTAR

Moedas desta página: Casa da Moeda do Brasil/Ministério da Fazenda.

| 005 | 890 | 0-631 | 0 | 123456-7 | 8 | 2-12438754 | 0 | R$ |

PAGUE POR ESTE
CHEQUE A QUANTIA DE _____

_____

A _____ OU A SUA ORDEM

BANCO
BANCOBANCOBANCO

_____ DE _____ DE _____

Akira Kasawaki

ASSINATURA
AKIRA KASAWAKI

123456   235239578   03630872

O dinheiro e o cheque impressos no livro não são verdadeiros e não podem ser usados para compras.

O dinheiro e o cheque impressos no livro não são verdadeiros e não podem ser usados para compras.